남호영 글

어린이 여러분, 나는 서울대학교 수학교육과를 졸업하고
이학 박사 학위를 받은 수학자이자 작가예요.
고등학교와 대학교에서 여러분 같은 학생들에게 수학을 가르쳤고,
인간의 역사와 얽히고설키며 발전해 온 수학을 그 역사 속에서
생생하게 볼 수 있도록 하는 작업을 계속해 나가고 있지요.
《황당하지만 수학입니다 1 바닥에 떨어진 사탕 먹어도 될까?》,
《황당하지만 수학입니다 2 하루에 거짓말 몇 번이나 하니?》,
《황당하지만 수학입니다 3 어디가 제일 간지럽게?》,
《황당하지만 수학입니다 4 펭귄은 똥을 발사한다고?》를 비롯해서
수학 동화 《원의 비밀을 찾아라》, 《달려라 사각 바퀴야》,
수학의 관점에서 여행과 문화를 녹여 낸 《수학자와 함께 걷는 실크로드》,
《수학 끼고 가는 서울 1》, 《수학 끼고 가는 이탈리아》,
과학의 역사에서 동양과 신비주의의 역할을 복원한 《코페르니쿠스의 거인, 뉴턴의 거인》,
그리고 수학 교과서(디딤돌, 7차 교육과정)도 썼답니다.

김종채 그림

안녕하세요. 전 세계의 어린이들이 행복할 수 있도록
여행을 다니며 이곳저곳에 그림을 그리는 김종채입니다.
궁금하지만 이해하기 어려웠던 수학 이야기를 제 그림과 함께 즐겁게 봐 줬으면 해요.
이 책을 읽고 있는 여러분의 웃음이 이 세상의 희망입니다!

와이즈만 영재교육연구소 감수

창의 영재수학과 창의 영재과학 교재 및 프로그램을 개발했습니다.
구성주의 이론에 입각한 교수학습 이론과 창의성 이론 및 선진교육 이론 연구 등에도
전념하고 있습니다. 국내 최고의 사설 영재교육 기관인 와이즈만 영재교육에
교육 콘텐츠를 제공하고 교사 교육을 담당하고 있습니다.

황당하지만 수학입니다

⑤ 왼팔이 가려운데 오른팔을 긁어?

와이즈만 BOOKs

1판 1쇄 발행 2023년 5월 1일 | 1판 2쇄 발행 2024년 2월 1일

글 남호영 | 그림 김종채 | 감수 와이즈만 영재교육연구소
발행처 와이즈만 BOOKs | 발행인 염만숙 | 출판사업본부장 김현정 | 편집 원선희 양다운 이지웅
기획·진행 CASA LIBRO | 디자인 SALT&PEPPER Communications | 마케팅 강윤현 백미영 장하라

출판등록 1998년 7월 23일 제1998-000170 | 제조국 대한민국
주소 서울특별시 서초구 남부순환로 2219 나노빌딩 5층
전화 마케팅 02-2033-8987 | 편집 02-2033-8928 | 팩스 02-3474-1411
전자우편 books@askwhy.co.kr | 홈페이지 mindalive.co.kr | 사용 연령 8세 이상
ISBN 979-11-92936-14-7 74410 979-11-90744-79-9(세트)

©2023, 남호영 김종채 CASA LIBRO
이 책의 저작권은 남호영, 김종채, CASA LIBRO에게 있습니다.
저자와 출판사의 허락 없이 내용의 일부를 인용하거나 발췌하는 것을 금합니다.

잘못된 책은 구입처에서 바꿔 드립니다.

와이즈만 BOOKs는 (주)창의와탐구의 출판 브랜드입니다.
KC마크는 이 제품이 공통안전기준에 적합하였음을 의미합니다.

황당하지만 수학입니다

⑤ 왼팔이 가려운데 오른팔을 긁어?

남호영 글 | 김종채 그림
와이즈만 영재교육연구소 감수

수학
좋아하니?

좋아한다고? 반갑구나. 하지만 '수학'이라는 말만 들어도 마음이 무거워지는 친구도 많지. 수학을 잘하고 싶은데 계산은 늘 실수투성이고 하나하나 따지는 건 어려우니까. 그래서 수학을 '이그노벨상'과 함께 알아보려 해.

이그노벨상을 받은 연구 중에서 수학상을 받은 건 몇 개밖에 없어. 다섯 손가락에 꼽을 정도야. 그래서 수학으로 설명할 수 있는 연구를 10개 뽑아 엮었어. '도형과 측정'과 관련 있는 연구들인데, 웃다 보면 수학이 친숙하게 느껴지고 좋아질 거야.

어쩌면 너를 꼭 닮은 친구 '나', 그리고 앉으나 서나 수학하는 파이쌤의 안내에 따라 조금씩 천천히 황당한 수학의 세계로 들어와 봐!

이그노벨상부터 알아볼까?

1991년 하버드대학교의 유머 과학 잡지사가 만든 상이야.
학문에 대한 사람들의 관심을 높이기 위해 기발한 연구와 업적에
주는 상이지. 수학을 비롯해서 물리, 화학, 의학, 생물, 평화 등
여러 분야에 걸쳐 수상자를 선정해.

이그노벨상을 수상한 연구는 정말 황당해.
어떤 때는 어이가 없을 정도야. 하지만 '이런 것도 연구하는구나!'
'수학은 우리 생활 속에 있구나!'라는 걸 깨닫게 해 주지.
시상식 포스터에는 로댕의 〈생각하는 사람〉이 바닥에 등을 대고
누워 있는 그림이 있어. '발상의 전환'을 나타내는 거래.

자, 그럼 우리도 고정 관념이나 일반적인 생각에서 벗어나
이 책에 가득한 황당하고 기발한 생각으로 발상을 전환해 볼까?

차례

1 왼팔이 가려운데
  오른팔을 긁어? ····················· 9
  - 가려움은 대칭으로! ················ 13

2 가랑이 사이로
  거꾸로 본 적 있니? ················· 17
  - 눈은 믿을 수가 없어! ··············· 21

3 바퀴로 특허를 냈다고? ············· 25
  - 바퀴는 원이야! ···················· 29

4 네모난 똥도 있다고? ··············· 33
  - 똥도 품위 있게 정육면체로! ········· 37

5 똥을 얼려
  칼을 만든다고? ···················· 41
  - 칼은 어떤 모양일까? ··············· 45

6 반짝이는 별을 그려 봐! · 49
 - 별은 왜 동그랄까? · 53

7 고양이가 액체라고? · 57
 - 액체와 고체의 차이 · 61

8 인도코끼리의
  걸넓이 재 봤니? · 65
 - 코끼리를 도형으로 나눠! · 69

9 방구,
  새기 전에 막아라! · 73
 - 배보다 배꼽 넓이가 커진다 · · · · · · · · · · · · · · · · · · 77

10 자전거가 그리는 곡선 · 81
 - 원이 그리는 곡선 · 85

1
왼팔이 가려운데 오른팔을 긁어?

며칠 전 학교가 일찍 끝난 날, 반 친구들이랑 놀이터에 갔어. 오랜만에 신나게 놀았는데…….
내가 너무 흥분했는지 엎어지고 말았지 뭐야.
나도 모르게 왼손으로 땅바닥을 확 짚었어.

왼팔이 부러졌대.
이 석고 붕대 좀 봐.
좀 지나면 부러진 뼈는 붙겠지만, 문제가 있어.

"왼팔이 가려울 땐 오른팔이라도 긁어!"
갑자기 나타난 파이쌤이 희한한 말씀을 하시네.
'쌤이 날 놀리시는 건가?
왼팔이 가려운데 오른팔을 긁는 게 무슨 소용이람!'
"내 말을 안 믿는구나. 진짜로 효과가 있어.
왼팔을 못 긁을 때 오른팔을 긁었더니 가려움이
줄어들었다는 연구가 있어. 이그노벨상도 받았다니까."

"독일 뤼베크대학교의 크리스토프 헬름센 연구팀이 밝혀낸 거야. 거울을 대서 오른팔이 왼팔인 것처럼 착각하게 하고 긁어. 그러면 왼팔의 가려움이 줄어들어."

내가 어리벙벙하게 서 있자 쌤이 나를 거울 앞으로 끌어당겼어.

"여기 거울 옆에 서 봐. 팔을 **대칭** 시켜야지."

대칭은 간단히 말하면 똑같은 거야.
네 코와 배꼽을 지나는 선을 생각해 봐. 그 선을 기준으로 왼쪽 눈과 오른쪽 눈, 왼쪽 귀와 오른쪽 귀, 왼쪽 팔과 오른쪽 팔이 마치 거울에 비친 듯 똑같잖아.

우리 몸은 좌│우가 대칭이야.

직사각형은 수직으로 접어도, 수평으로 접어도 똑같아.
접는 선이 **대칭축**이야. 이런 대칭을 **선대칭**이라고 해.

헬름센의 대칭 연구 덕분에 많은 사람이 도움을 받았어.
가려움증 정도가 아니라 통증 치료에도 쓰였거든.
한쪽 다리를 절단했는데도 통증을 느끼는 환자도 있어.
환각이지만 환자는 진짜로 통증을 느껴.
하지만 없는 다리를 치료할 수는 없잖아.
바로 이때 거울을 보면서 다른 쪽 다리를 치료해 주는 거야.

거울을 이용해서
대칭시키면

신기한 마술도 보여줄 수 있어.
뚱뚱하게 보일 수도 있고, 날씬하게 보일 수도 있어.
이렇게 허공에 붕 뜰 수도 있고.

2
가랑이 사이로 거꾸로 본 적 있니?

저녁때 파이쌤과 공원에 앉아 있는데,
저쪽 나무 위로 보름달이 떠올랐어.
달이 무척 커 보여.
"어젯밤 집에서 본 달은 저렇게 크지 않았던 것 같은데."

"사람 눈은 사물을 있는 그대로 보지 않고 착각 한단다. 아래 두 그림을 보렴. *빨간색 동그라미 크기가 다르게 보이지 않니? 사실은 똑같은 크기인데 말이야."

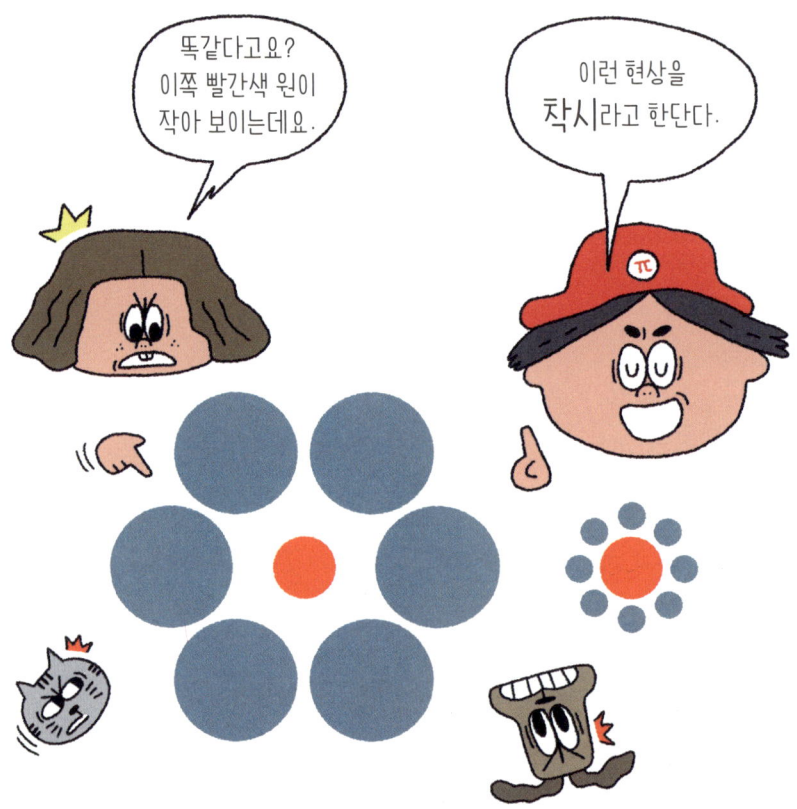

"똑같은 크기의 물체가 있더라도 우리 눈은 옆에 큰 게 있으면 작게 보고……."
"옆에 작은 게 있으면 크게 본다는 거지요?"
나는 의기양양하게 쌤처럼 설명해 봤어.
"그렇지. 눈치가 빠른데!"

*책 마지막 장에서 더 자세한 정보를 확인해 보세요.

"그럼, 자기 전에 본 달은 작게 보이고
지금 *지평선에 낮게 떠 있는 저 달은 크게 보이는
이유도 짐작할 수 있겠니?"
"달 옆에 비교할 만한 게 아무것도 없는데요?"
"이번에는 거리 문제란다. 사람들은 머리 위 하늘보다
지평선을 더 멀다고 생각하거든."

"쌤, 똑바로 의식하고 보면 착각하지 않을 수 있지 않을까요?"
"그런 문제라면 착각을 일으키지도 않겠지."
'그럼, 방법이 없을까?' 하고 나는 궁금해졌어.
그때 내 맘을 알아차렸는지, 쌤이 말씀하셨어.
"똑같은 달인데도 낮게 떠 있는 달을 크다고 느끼는 착시를 극복할 방법이 있긴 있어."

머리를 가랑이 사이에 넣고 거꾸로 보면 어떻게 보일지
연구한 사람들이 있어.
일본 리츠메이칸대학교 심리학과의 아츠키 히가시야마와
고헤이 아다치가 이것을 연구해서
2016년에 이그노벨 인식상을 받았단다.

머리를 숙여서 **거꾸로 보면** 땅이 위로 가고 하늘이 아래로 와. 위아래가 바뀌는 건 당연하지만,

**물체의 크기가 달라질까?
거리도 다르게 보일까?**

히가시야마 연구팀은 그게 궁금했어. 연구팀은 참가자 90명을 모았어. 그러고는 크기가 다른 빨간색 사각형 표지판들을 띄엄띄엄 세워 놓고 물어봤어.

자, 이제 사각형 크기와 사각형까지의 거리를 말씀해 주세요.

실험 참가자들은 머리를 가랑이 사이로 넣어 거꾸로 보면 멀리 있는 게 작아 보인다고 대답했어.

거꾸로 볼 땐 멀리 있을수록 원래 크기보다 보인다는 거야.

그래서 지평선에 있는 달도 거꾸로 보면 작게 보여. 결국 착시에 착시를 거듭해서 원래 크기대로 보는 거지.

착시는 여러 가지 원인 때문에 일어나. 주변 환경 때문일 수도 있고, 이미지 자체가 애매모호해서 일어나기도 해. 우리는 **인식 과정**에서 사물을 무의식적으로 **추론**하기 때문에 **착시**를 피하기는 어렵단다.

3
바퀴로 특허를 냈다고?

"또 한 개 성공!"
나는 감나무에 매달린 감을 손에 쥐고
살짝 힘을 줘서 땄어.
파이쌤 댁 마당 감나무에 감이 잔뜩 열렸거든.
감을 따서 사다리에 걸쳐 놓은 주머니에 넣어.
주머니가 무거울 즈음엔 손수레에 부어.

드디어 내가 가장 좋아하는 일을 할 차례야.
바로바로 감이 잔뜩 담긴 수레를 몰고 가기!
손잡이를 살짝 들어 올리면 바퀴 하나만 땅에 닿아.
좌우 균형을 잘 맞춰서 수레를 밀고 가는 거야.

"바퀴를 누가 발명했어요?"

"그건 모르지. 바퀴 달린 수레를 사용한 가장 오래된 기록은 메소포타미아에서 발견됐어.

그렇지만 비슷한 시기에 다른 지역에서도 사용했을 거로 추측해."

처음엔 나무를 원판 모양으로 잘라서 사용하면 힘이 덜 든다는 걸 깨달았겠지.

그러다가 바퀴 안쪽을 비우고 바큇살을 대면 더 가볍게 잘 구른다는 걸 알게 됐을 거야.

"그런데 바퀴로 특허를 낸 사람이 있어."
"특허는 스스로 새로운 걸 발명했을 때 내는 거 아닌가요?"
"호주에서 벌어진 일인데, 바퀴로 특허를 얻었으니 호주 사람들은 바퀴를 사용하려면 이 사람에게 특허 사용료를 내야 하지."

특허권 전문 변호사인 조 코프는 2001년 7월에
'원형의 운송 촉진 장치'라는 제목으로 특허를 받았어.
호주 특허청에서 혁신 특허라고 도장을 찍어 줬지.
혁신 특허는 그해 5월에 새로 도입됐는데,
저렴하고 신속하게 특허를 내주는 제도야.

특허 취득 비용이 비싸고
복잡하다고 해서 '혁신 특허'라는
새로운 제도를 마련했습니다.

180 호주 달러는 16만 원,
5,000 호주 달러는
450만 원 정도야.

표준 특허
특허 비용 5,000달러 이상
보호 기간 20년

혁신 특허
특허 비용 180달러
보호 기간 8년

Australian Government
IP Australia

🛞**바퀴**는 **원**의 성질을 이용해서 만든 거야.
원은 한 점(중심)에서 거리가 같은 점들을 모은 건데,
그 거리를 반지름이라고 해.

원은 코프가 발명한 게 아니니 원형 운송 장치라는 이름으로 특허를 준다는 건 말이 안 돼. 그런데도 코프는 특허를 얻었어. 코프는 혁신 특허라는

새로운 특허 제도의 문제점을 보여 주기 위해

신청했대. 이그노벨상은 조 코프와 호주 특허청에 공동으로 수여됐어.

바퀴는 어떤 개인이 특허를 낼 수 없는 거지만
바퀴 달린 가방은 특허를 낼 수 있어.
오히려 바퀴가 사용된 지 5천 년이나 지나서
바퀴 달린 가방이 처음 나왔다는 게 믿어지지 않을 뿐이지.
바퀴가 네 개 달린 더 편리한 가방이 나온 건 정말 최근이고.

4
네모난 똥도 있다고?

여기는 호주야. 잔뜩 기대하고 왔건만
캥거루도, 코알라도 아닌 동물이 엉금엉금 기어가네.
엉덩이 아래쪽에 새끼까지 달고.
"쌤, 저건 뭐예요?"
"웜뱃이로구나. 웜뱃도 캥거루나 코알라처럼
새끼주머니에서 새끼를 키운단다."

'웜뱃은 갑자기 어디서 나타났을까?' 하고 궁금하던 차에 파이쌤이 손가락으로 가리키는 곳에 굴이 보였어. '아, 여기서 올라왔구나' 하는데, 주변에 주사위 같은 게 널려 있어. 이건 뭐지?

"이건 설마 파토쌤께 들었던 네모난 웜뱃 똥?"
퍼뜩 드는 생각에 소리 치자, 파이쌤의 웜뱃 똥 수업이 시작됐어.
"웜뱃은 먹은 것이 똥으로 나올 때까지 보름 정도 걸려."

"웜뱃은 이런 똥을 하루에 100개 가까이 눠.
미국 조지아공과대학교 연구팀이 웜뱃의 똥이
정육면체인 이유를 연구해서 발표했단다.
그걸로 이그노벨 물리학상을 받은 거지."
"맞아요. 똥 연구로 이그노벨상을 받은 사람들이
많더라고요."

우리가 사용하는 물건은 모두 입체도형 이야.
연필, 탁자, 공, 사과, 텐트 등이 각각 어떤 입체도형인지 알아볼까?

정육면체 도 입체도형 이야.

정사각형 6개로 둘러싸인 입체도형!
정사각형에는 변이 4개씩 있어. 정사각형의 변을 또 다른 정사각형의 변과 붙여 보자. 그러면 12개의 모서리를 가진 정육면체가 생겨.

웜뱃의 똥은 정확하게 정육면체는 아니야. 정육면체처럼 모든 모서리 길이가 똑같고 면과 면이 직각은 아니니까. 웜뱃의 똥은 조금 납작하기도 하고 모서리도 살짝 둥글지만, 이 정도면 정육면체라고 하기에 충분해.

직육면체 모양의 똥도 있어. 바로 누에 똥이야.
우툴두툴하지만 덩어리진 모양이 직육면체 같아.
웜뱃이나 누에처럼 네모난 모양의 똥은 흔하지 않아.
둥근 경우가 많아.
토끼나 염소는 동글동글한 **구** 모양으로 작아.
똥 눌 때는 여러 개를 톡톡 떨어뜨려.
고라니와 산양 똥은 콩자반 같아. ***타원**형으로 생겼어.
사람이나 개의 똥도 둥글지만 길쭉해. 대장 생김새대로
원기둥처럼 길게 나와.
또, 모양이 없는 똥도 있어.

새똥을 맞아본 사람은 알 거야.

아악, 안 돼!

이런 건 알고 싶지 않다고요!

5
똥을 얼려 칼을 만든다고?

오늘은 파토쌤이 들려주신 이누이트 이야기부터 해 줄게.
그들은 얼음 벌판 위에서 순록을 키우고 바다에서
물고기도 잡았어. 이누이트들은 옮겨 다니면서 살아.
농사를 짓지 못하기 때문에 사냥감을 따라 떠돌아 다니지.

어느 날, 이누이트들은 정착지를 옮기게 됐어.
모두 떠나는데, 한 노인은 떠나기를 거부했어.
이 얼음 벌판에 정이 들어서 계속 살고 싶어 했지.
그러자 가족들이 노인의 도구를 모두 숨겼어.
그러면 같이 떠날 수밖에 없을 거라고 생각했거든.
노인은 난감했어.
'그딴 거 없다고 내가 못 살 것 같냐?'
노인은 이글루 밖으로 나가 겨울 찬바람 한가운데서
똥을 눴어. 똥이 얼자 날카롭게 다듬어서 칼을 만들었어.

"이누이트 노인 이야기는 세계의 오지를 돌아다니며 연구한 인류학자 웨이드 데이비스가 쓴 《시간 밖의 문명》이라는 책에 실리면서 알려졌어."

사람들은 얼린 똥으로 칼을 만들어서 가죽을 잘랐다는 말을 믿을 수 없었어. 아무리 단단하게 얼어도 똥이 칼이 될 수 있을까? 어떤 모양으로 만들어야 칼이 잘 들까? 궁금증을 해결하려고 인류학자들이 나섰어.

진짜로 똥을 얼려서 칼을 만든 거야.

미국 켄트주립대학교 인류학부의 메틴 에렌 연구팀 7명은 이누이트 노인의 이야기를 직접 실험하기로 했어.

실험 결과는 '인간의 냉동 대변으로 만든 칼은 잘 들지 않는다.'였어. 칼 모양이 삼각형이든 사각형이든 돼지 껍데기에 자국만 남겼을 뿐, 자르지 못했어. 한 번의 실험으로 만족할 수 없었던 연구팀은 한 번 더 실험했어. 이번엔 다른 똥으로!

> 똥도 바꿨으니 칼 모양도 바꾸어 볼까요?

> 칼 모양이 대부분 삼각형, 사각형인 건 이유가 있을 거예요.

> 가위도 날은 삼각형 모양인데, 모양은 그대로 합시다.

두 번째 실험도 실패했어. 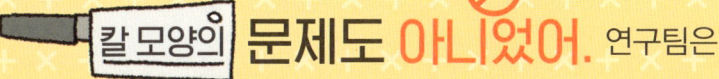 칼 모양의 문제도 아니었어. 연구팀은 이누이트 노인 이야기는 사실이 아닐 거라고 결론 내렸어.

칼은 사실 입체도형이야. 아무리 얇아도 두께가 있으니까. 우리가 사용하는 모든 물건은 입체도형 이지만 칼이나 종이처럼 얇은 것은 모양을 말할 때는 평면도형 으로 말하기도 해. 이누이트 노인이 만든 똥칼은 **삼각형**이라고 말하기 어려울 거야. 두꺼웠을 테니까. 그건 얇은 **삼각기둥**이라는 말이 더 어울렸을 거야.

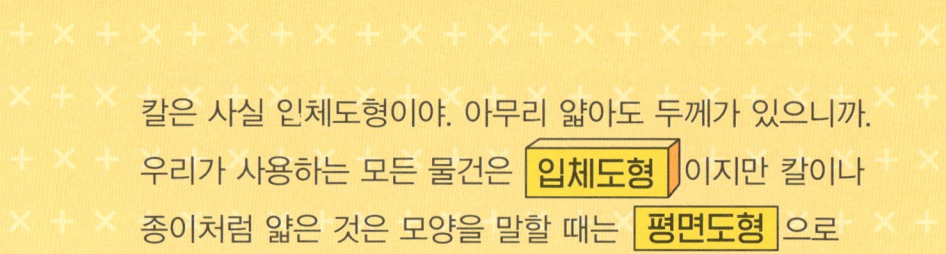

삼각형이든 **삼각기둥**이든 똥 칼에 대한 기대는 접고, 저는 제 칼을 쓸래요.

네 칼은 무슨 모양이니?

사각형 중에 **마름모** 모양이지요. 워낙 얇으니 **사각기둥**은 아니지요?

그렇지. 잘 드는 칼은 얇아서 **평면도형**처럼 보여.

6
반짝이는 별을 그려 봐!

텔레비전을 보던 나는 화성에서 숨을 쉴 수 있다는 말에 너무 놀라 펄쩍 뛰었어.

"화성에서 숨을 쉴 수 있다고요?"

"저건 1989년 일인데, 당시 댄 퀘일 부통령이 그렇게 말해서 난리가 났었지. 이그노벨상도 받았단다. 과학 교육의 중요성을 일깨운 공로로 이그노벨 교육상!"

화성에 유인 우주선이 가면 나도 가 보고 싶다는 생각을
하고 있는데, 파이쌤이 하늘에 조금 붉은빛을 띠는
동그란 것을 가리키며 말씀하셨어.
"저게 화성이란다."
"동그랗게 이쁘네요."라고 중얼거리며 나는 종이에
밤하늘을 그렸어. 화성도 그리고, 그 옆에 별도 그렸어.

"별이 반짝이는 건 아주 멀리 있기 때문이야.
빛이 우주를 통과해 오면서 이것저것 수많은 입자에
부딪혀서 깜빡깜빡 반짝거리게 되는 거야."
"그럼 *붙박이별이나 *떠돌이별이나 모두 다시
그려야겠네요."

솜사탕 만드는 거 본 적 있지?
기계를 달군 후 설탕을 넣어. 전원을 켜면 기계가
회전하면서 설탕이 먼지 같이 얇게, 실처럼 가느다랗게
마구 빠져나와.
잽싸게 막대에 둥글게 말면 솜사탕이 완성되지.
별이 만들어지는 것도 비슷해.

우리가 잘 아는 태양을 생각해 봐.
우주 공간 어느 곳에 먼지가 많이 모이면서 어느 순간
회전이 일어나.
회전하면서 만들어진 원반 중심에는 원소들이 많아.
엄청 많아. 구 모양으로 뭉쳐서 타오르기 시작해.
별이야. 바로 태양이라고!

원반 군데군데 먼지 뭉치도 회전하면서
구 모양이 돼. 떠돌이별이야.
붙박이별처럼, 떠돌이별처럼 회전해서 만들어진 **도형**을
회전체라고 해.
회전체에는 축이 있어. 축 주위를 도는 거야.
행성마다 축이 누운 각도가 달라.

별이나 행성이 구 모양이 되는 건 구의 중심에서 구 표면의 어느 곳까지든 거리가 같기 때문이야. 구는 중심을 지나는 축 주위로 원을 회전시키면 만들어져. 반원을 회전시켜도 구가 만들어져.

어떤 도형이든 회전시키면 회전체가 만들어져.

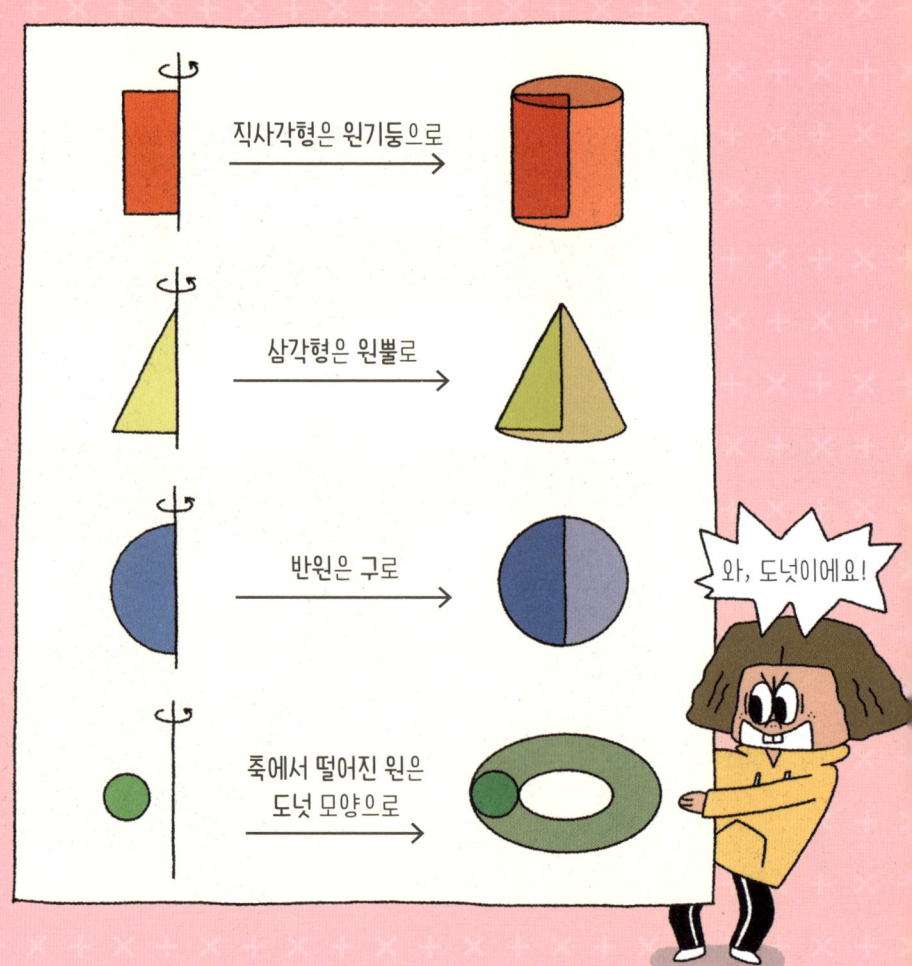

7
고양이가 액체라고?

나는 인터넷을 검색하다가 깜짝 놀랐어.
고양이가 유리병 안에 쏙 들어가 있는 사진을 봤거든.

"고양이는 아주 좁은 데도 웅크리고 들어가잖니.
사람들이 그걸 보고 신기해하면서 더 좁은 곳,
더 좁은 곳 하며 경쟁이 붙은 거지."
"그렇다고 고양이가 정말 액체일까요?"
"고양이가 액체인가 고체인가라는 주제로 논문을 써서
이그노벨상을 받은 사람도 있어. 프랑스 리옹대학교
물리학연구소의 마크 앙투안 파딘이야."

"너, 액체랑 고체랑 어떻게 구분하는지 아니?"
"어, 흐르는 건 액체고 단단한 거는 고체……."
쌤의 갑작스러운 질문에 나는 머뭇거리며 대답했어.
"그렇지. 액체는 점성이 있어서 흐를 수 있고 용기에 따라 모양이 바뀌지. 고체는 단단해서 힘을 줘도 모양이나 부피가 변하지 않고."

고양이는 엄청 좁은 곳에도 몸을 구겨 넣습니다. 물처럼 몸이 용기를 꽉 채우며 모양이 바뀌니 액체입니다.

"에이, 말도 안 돼요."
"말도 안 되는 소리도 그럴싸하게 하면 어떤 일이 생기는지 아니?"
나는 귀가 솔깃해졌어.
"이그노벨상을 받아. 파딘처럼 말이야."
나는 어리둥절해졌어.

액체는 점성이 있어서 흐르고, 고체는 그렇지 않다고 했지. 그런데 어떤 물체가 우리가 못 알아차릴 정도로 아주 천천히 움직이면 액체일까 고체일까?

예를 들어, 피치라는 합성 물질이 있는데 석유나 천연가스 등을 원료로 만들어. 실험에 따르면 피치는 10년에 한 방울씩 떨어지는 속도로 흘러. 이건 액체일까 고체일까?

피치 실험이 의미하는 것은 액체인지 고체인지는 관찰 시간에 따라 달라질 수 있다는 거야.
그래서 관찰 시간을 고려해서 액체인지 고체인지 판정하기 위해 만든 것이 데버러 수야.
데버러 수는 분자가 움직이는 고유의 시간을 관찰 시간으로 나눠서 계산해.
데버러 수가 1보다 크면 고체야. 수가 클수록 물체가 더 단단해. 데버러 수가 1보다 작으면 액체야. 0에 가까울수록 잘 흐르지.

탁자를 이루는 분자는 거의 움직이지 않아. 움직이지 않는 건 움직이는 시간이 매우 큰 거야. 탁자는 데버러 수가 1보다 커. 고체야.

데버러 수? 0?@?#$@%^*#$%#$!~#

물은 분자들이 쉽게 움직여. 데버러 수가 0에 가까워. 액체야.

파딘은 **고양이가 걷고 뛸 때**는 데버러 수가 1보다 커서 고체 이고, 포도주잔이나 세면대에 들어가 있을 때는 데버러 수가 1보다 작아서 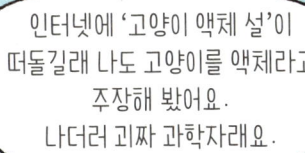 라고 설명했어.
아주 그럴싸하게 매우 정성껏 설명했지.

인터넷에 '고양이 액체 설'이 떠돌길래 나도 고양이를 액체라고 주장해 봤어요.
나더러 괴짜 과학자래요.

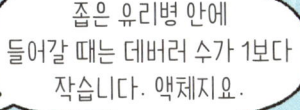

고양이가 걷고 뛸 때는 데버러 수가 1보다 큽니다. 고체지요.

좁은 유리병 안에 들어갈 때는 데버러 수가 1보다 작습니다. 액체지요.

액체와 고체를 구분하는 방법이 여러 가지가 있지만 모양을 말할 수 있는 건 고체뿐이라는 사실만은 변함없어. 액체는 물론, 고체에 가까운 액체도 정해진 모양이 없어.

8
민도코끼리의 겉넓이 재 봤니?

예전에는 우리나라에 호랑이가 많았대.
나는 동물원에서만 봤으니 믿기지는 않지만.
"호랑이 이야기가 많이 전해진다는 건 호랑이가
많았다는 거지."
파이쌤 말씀에 나는 고개를 끄덕거렸어.
나도 호랑이 이야기는 꽤 알거든.

"호랑이는 죽어서 가죽을 남기고…… 라는 말도 들어봤니?"
그런 말을 들어는 봤는데, 가죽을 남겨서 뭐 하지?
"옛날에는 호피라고 해서 호랑이 가죽이 아주 비쌌단다. 그러니까 살아 있는 호랑이는 무서웠지만 죽은 호랑이 가죽은 누구나 탐내는 물건이 됐지."

"호랑이 가죽 넓이를 어떻게 계산해요? 도형도 아닌데."
"그래, 호랑이 겉넓이를 구하기는 어렵겠지?
다른 방법을 생각해 보자. 두 호랑이를 비교했을 때
길이가 긴 호랑이가 가죽 넓이도 넓고 부피도 크겠지?
부피가 크니 무겁기도 할 거고. 그래서 몸무게로부터
겉넓이를 구해 보려는 사람들이 있었어.
호랑이가 아니라 코끼리로 실험했지만."

"무게를 알면 겉넓이를 알 수 있다고요?"
"그래, 코끼리 여러 마리의 무게를 달아.
겉넓이도 구해. 그러고 나서

> **무게로부터 겉넓이를 알 수 있는
> 식이 만들어지는지 해 보는 거야.**

그러면 다음부터는 무게만 알아도 겉넓이를 계산할 수 있을 테니까."

인도의 스리쿠마르와 케랄라농업대학교 니르말란은 코끼리의 겉넓이를 어떻게 구할 수 있을지 머리를 맞대고 고민했어. 가장 좋은 방법은
코끼리 표면을 도형으로 나누는 거야.
겉면에 선을 그어. 부위마다 가장 비슷한 도형 모양을 정해. 그러고 나서 하나씩 넓이를 구한 뒤 모두 더해.

1. 암컷과 수컷 코끼리를 각각 12마리씩 총 24마리를 대기시켰습니다.
2. 코끼리 표면을 13개의 부위로 나누었어요.
   부위마다 넓이를 계산할 수 있게 길이를 측정해요.
3. 13개 부위의 넓이를 모두 더해요. 그게 코끼리 겉넓이입니다.
4. 몸무게에서 겉넓이를 알아낼 수 있는 식을 만들어요. 만들어지나요?
   아니면 다른 길이로부터 겉넓이 식을 만들어 봐요.

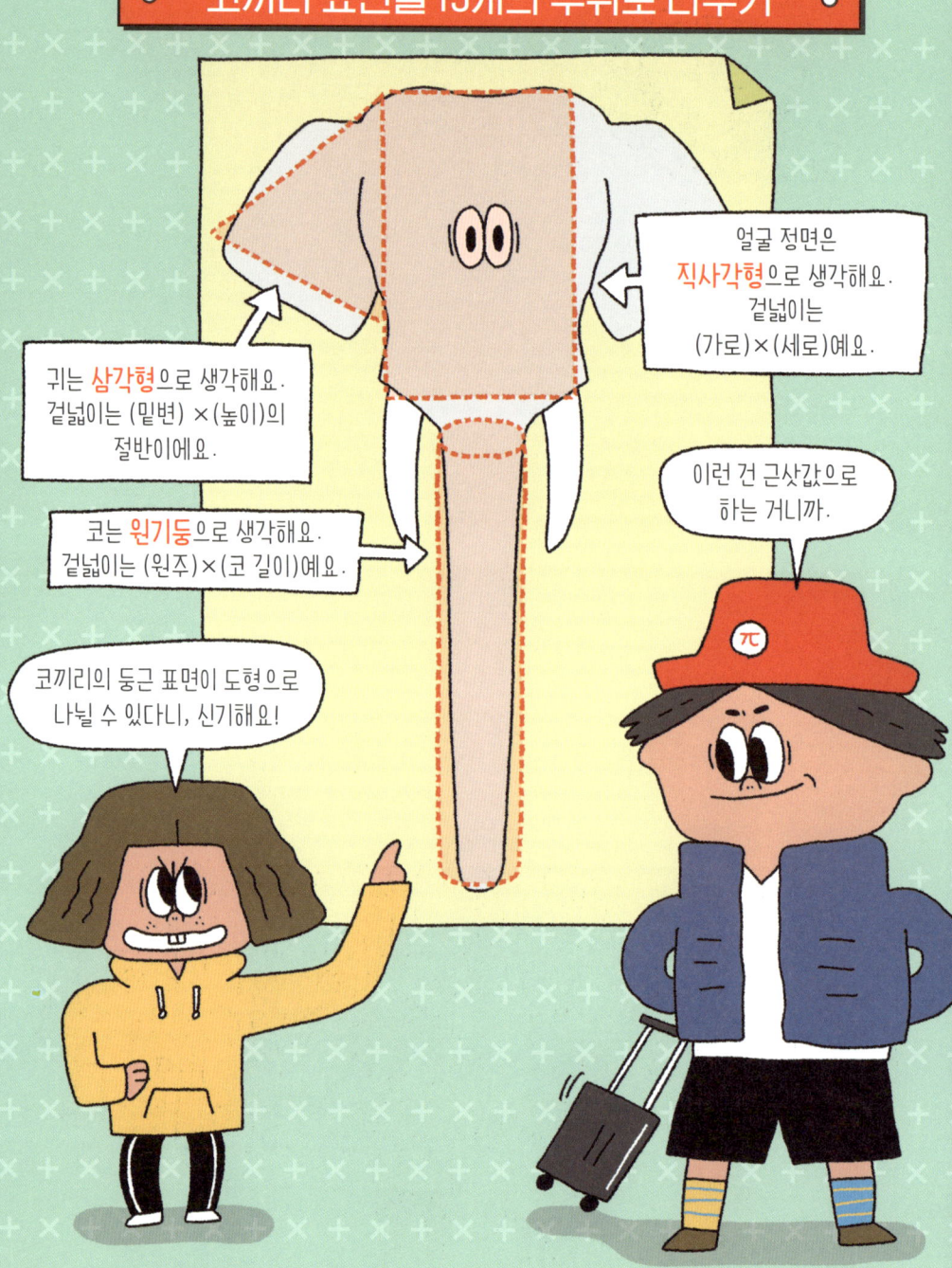

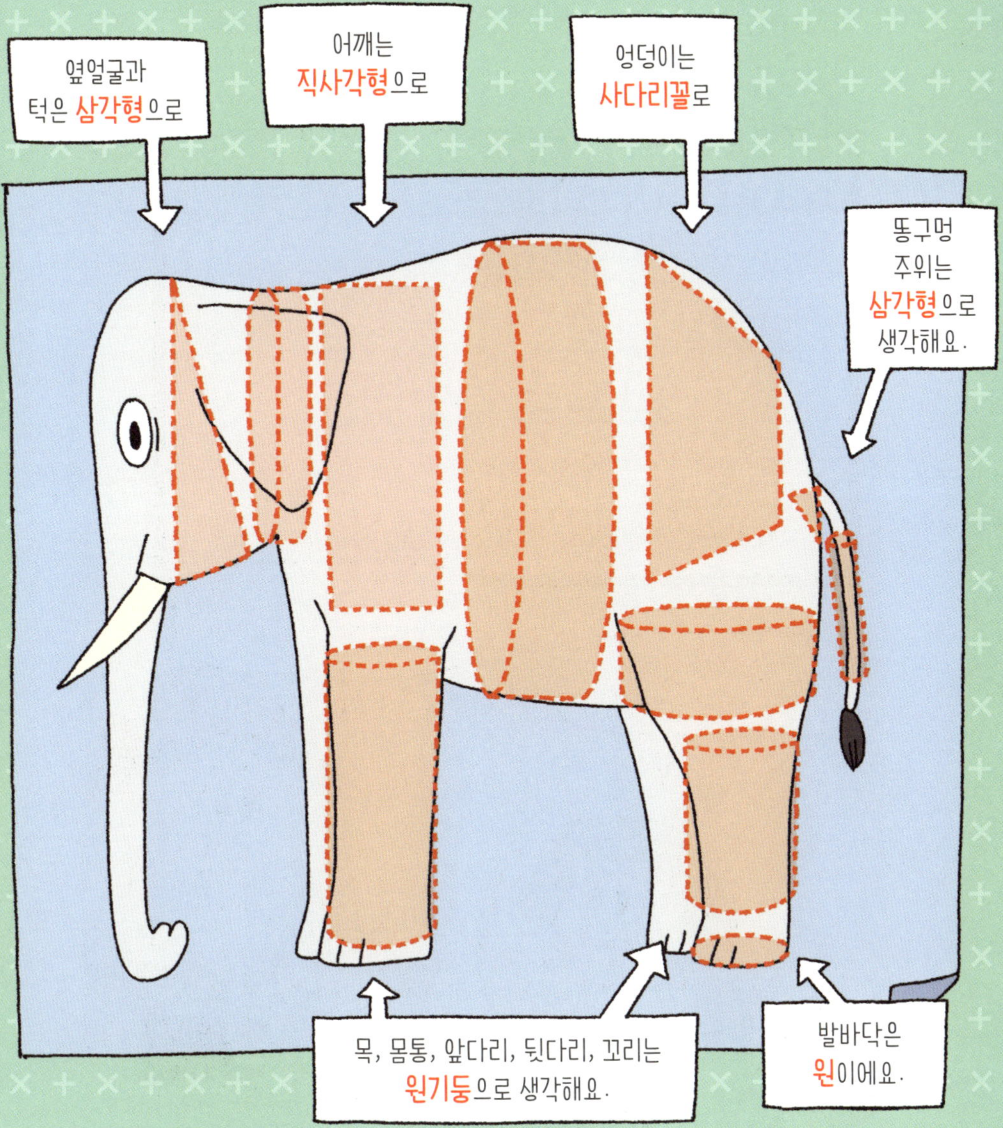

옆얼굴과
턱은 **삼각형**으로

어깨는
직사각형으로

엉덩이는
사다리꼴로

똥구멍
주위는
삼각형으로
생각해요.

목, 몸통, 앞다리, 뒷다리, 꼬리는
원기둥으로 생각해요.

발바닥은
원이에요.

24마리 코끼리의 몸무게와 겉넓이를 모두 구한 스리쿠마르와 니르말란은 몸무게와 겉넓이의 관계를 나타내는 식을 만들었어. 그런데 오차가 너무 심했어. 시행착오 끝에,

> **겉넓이를 예측할 수 있는 가장 좋은 식은 어깨높이와 앞발 둘레로부터 얻을 수 있었어.**
>
> (코끼리 겉넓이)   (단위: 미터)
> = 6.807 × (어깨높이) + 7.073 × (앞발 둘레) − 8.245

우리 냥냥이에게도 이 식을 적용할 수 있을까요?

흠……, 코가 없는 거 말고는 비슷하게 해 볼 수 있겠네!

9
방구, 새기 전에 막아라!

나는 파이쌤 댁에 들어서며 마스크부터 벗었어.
"왜 그러니?"
웅크리고 뭔가 하고 있던 쌤이 돌아보며 물으셨어.
"마스크가 너무 답답해서요. 숨을 못 쉬겠어요."

내가 벗어 놓은 마스크를 주워 들여다보던 쌤 얼굴에 뭔가를 발견해서 흡족한 미소가 떠올랐어.

"94 말고 80을 쓰지, 그래?"

94? 80? 그게 뭐지? 나는 어리둥절해졌어.

"미세 입자를 거르는 기준을 나타내는 수치야. 80은 80퍼센트 이상, 94는 94퍼센트 이상을 거른다는 뜻이야."

"필터는 부직포처럼 생긴 얇은 섬유라고 생각하면 돼. 정전기를 이용해서 입자를 흡착하기도 하지만 섬유를 얼마나 촘촘하게 만들었느냐가 성능을 결정해."
"촘촘하게요?"
"촘촘하다는 건 작은 입자도 통과하기 어렵다는 뜻이야. 반대로 입자가 들러붙을 공간은 넓어지는 거지."

"창살을 더 설치해서 구멍이 작아지면 아무리 액체 같은 고양이라도 못 빠져나간다는 거지요?"
"그렇지. 마스크로 생각하면 마스크 안에 창살, 즉 필터를 많이 설치해서 입자가 들러붙는 필터의 겉넓이를 늘리는 거야. 그걸 좀 더 규칙적으로 하는 게 *프랙털이란다."

마스크를 납작한 입체 도형이라고 생각하자.
정육면체 8개가 붙은 모양으로.
그러면 필터의 겉넓이를 늘리는 방법을 알아보기 쉬워.
상상이 안 되면 이런 도형이 매우 많이 모여서 마스크가
만들어졌다고 생각하면 돼.
8개의 조각 중 하나를 9개로 나누고 가운데 조각을 빼 버려.

 정해진 크기 안에서 겉넓이를 넓힐 때
프랙털은 아주 좋은 방법이야.
규칙적으로 할 수 있고 넓이를 얼마든지 크게 할 수 있으니까.

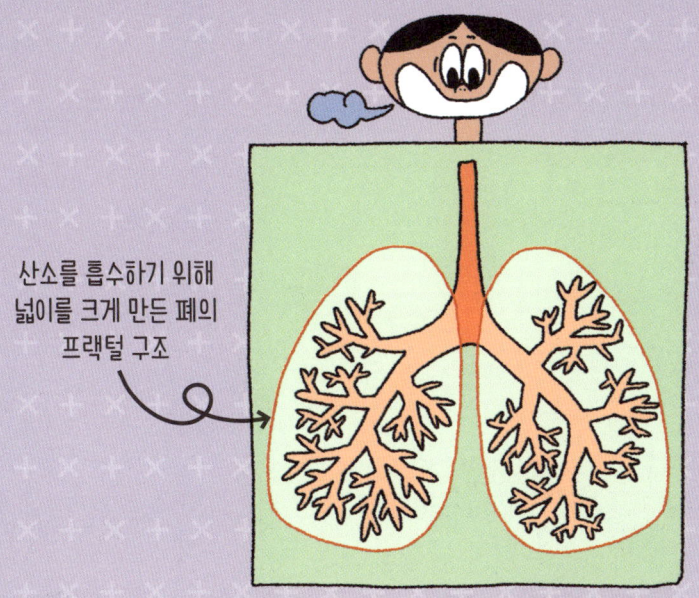

산소를 흡수하기 위해 넓이를 크게 만든 폐의 프랙털 구조

전파를 수신 발신하는 넓이를
늘리기 위한 프랙털 안테나

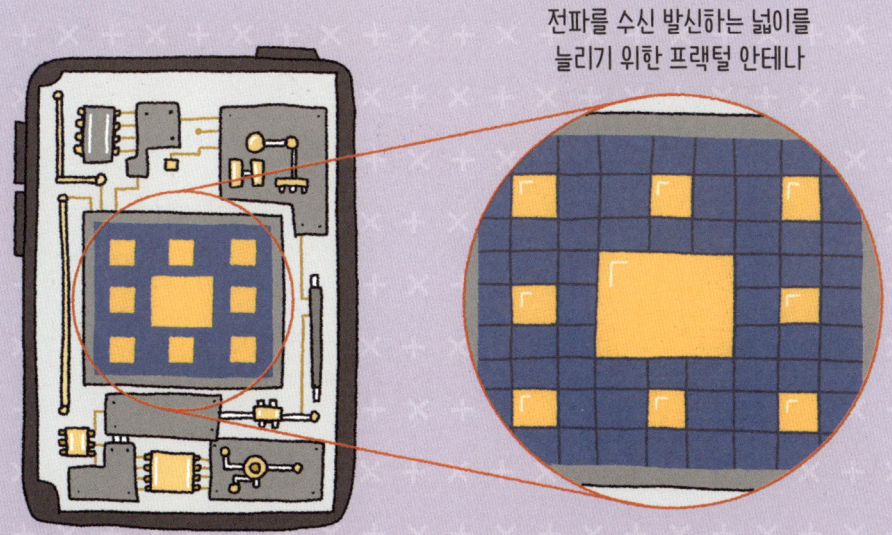

성능이 좋은 필터는 프랙털처럼 원래의 자기 자신보다 큰 넓이를 확보해.

그렇게 넓은 면에 입자가 걸려서 통과하지 못하는 거지. 이런 필터를 만들어서 이그노벨상을 받은 사람도 있어. 벅 웨이머 기억나지? 크론병에 걸린 아내의 방귀 냄새를 가두는 팬티를 만들어서 상 받은 사람 말이야.

10
자전거가 그리는 곡선

파이쌤은 자전거를 매우 좋아하셔.
오늘도 해가 저물 때까지 탔어.
자전거를 타고 돌아오는데, 바퀴에 붙은 반사판이
그리는 곡선이 아름다워.

곡선이든 도형이든 뭐든 이름이 있는 건 당연하지. 사이클로이드라는 이름은 처음 들어봤지만.

"평탄한 길에서 자전거 바퀴가 구르면 사이클로이드가 그려지는 거지. 좀 더 정확히 말하면 직선 위를 원이 구를 때 원 위에 있는 점이 그리는 곡선을 말해."

"그럼, 원이 원 위를 구를 때는 어떤 곡선이 생겨요?"

영화 <ET>에서 자전거를 타고 하늘을 나는 장면이 마치 달에서 자전거를 타는 것 같거든요.

아하! 사실 지구도 둥그니까 원의 크기 차이가 있을 뿐, 원이 원을 도는 셈이지!

"우선, 달과 자전거 바퀴의 크기가 같다고 생각해 보자. 고정된 원과 회전하는 원이 크기가 같다는 거지."

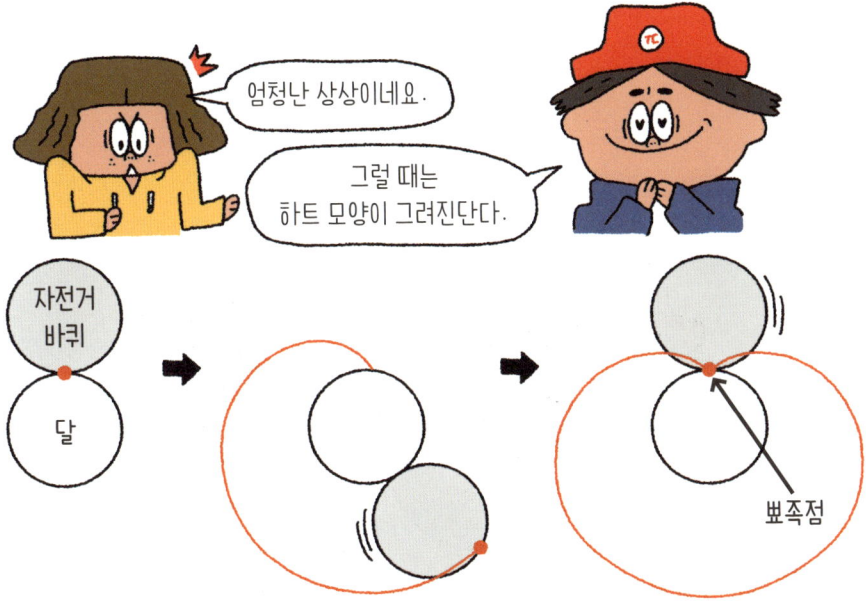

"두 원의 크기가 달라지면 곡선 모양도 달라져."

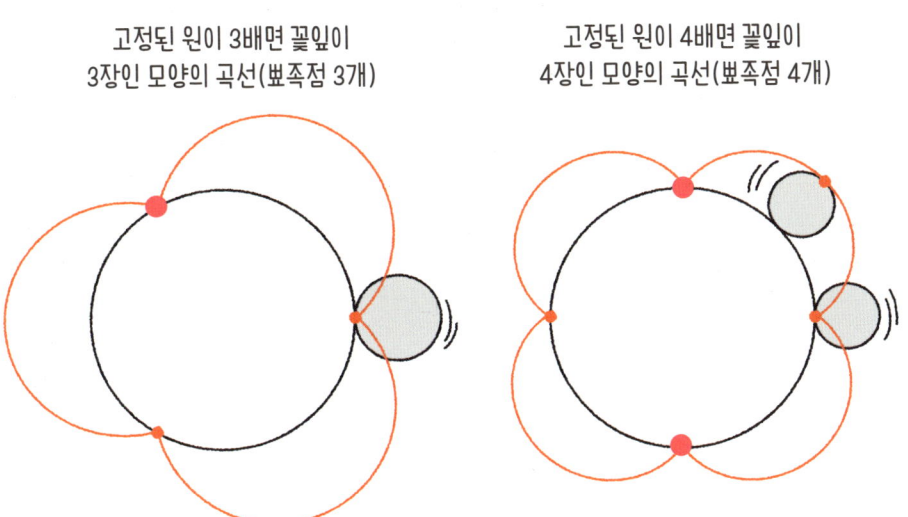

"이런 규칙을 이용하면 아름다운 디자인을 그릴 수 있어."
"디자인이요?"
"미스터리 써클이라고 기억하니? 1992년에 이그노벨상도 받았잖아."
"아, 들판에 원 모양으로 멋있게 그린 거요? 외계인이 그린 게 아니라서 실망했었어요."

원이 구를 때, 한 점이 그리는 곡선을 생각해 봐.
원은 직선 위를 구를 수도 있고 원 위를 구를 수도 있어.
그때마다 원 위의 한 점은 어떤 곡선을 그릴까?
원이 직선 위에서 회전할 때, 원 위의 한 점이 그리는
곡선의 이름은 사이클로이드라고 했어.

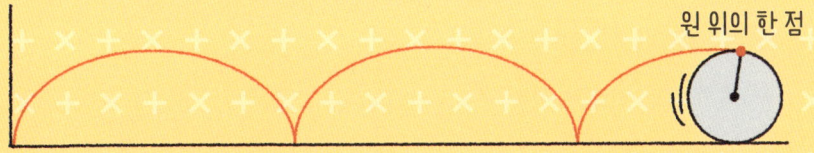

원이 원 바깥을 따라 구를 때는 에피사이클로이드라고 해.
두 원의 크기의 비에 따라 모양이 달라져.

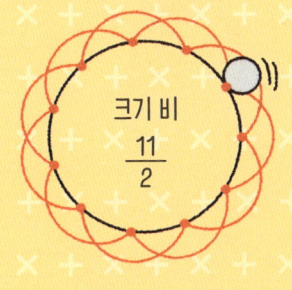
뾰족점 11개

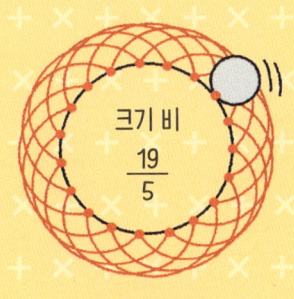
뾰족점 19개

뾰족점 21개

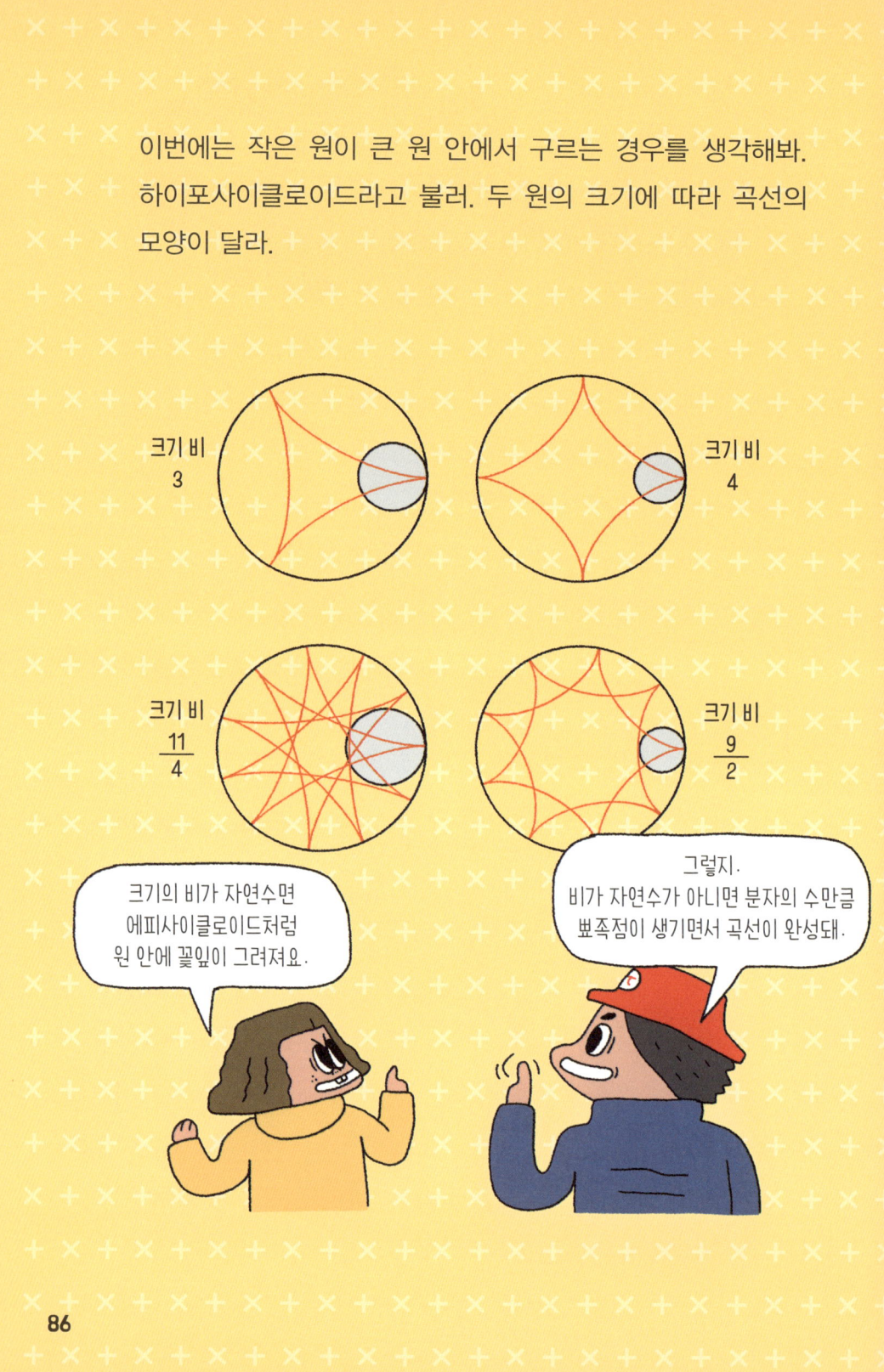

원을 여러 개 이용하던지, 에피사이클로이드나 하이포사이클로이드를 이용해서 미스터리 써클을 디자인할 수 있어.

교과 연계가 궁금해요

목차	이그노벨상 수상 내역	교과 연계
1. 왼팔이 가려운데 오른팔을 긁어?	2016년 의학상	5학년 2학기 합동과 대칭
2. 가랑이 사이로 거꾸로 본 적 있니?	2016년 인식상	4학년 1학기 평면도형의 이동
3. 바퀴 특허를 냈다고?	2001년 기술상	3학년 2학기 원
4. 네모난 똥도 있다고?	2019년 물리학상	5학년 2학기 직육면체
5. 똥을 얼려 칼을 만든다고?	2020년 재료과학상	3학년 1학기 평면도형
6. 반짝이는 별을 그려 봐!	1991년 교육상	6학년 2학기 원기둥, 원뿔, 구
7. 고양이가 액체라고?	2017년 물리학상	6학년 1학기 각기둥과 각뿔
8. 인도코끼리의 겉넓이 재 봤니?	2002년 수학상	5학년 1학기 다각형의 넓이
9. 방귀, 새기 전에 막아라!	2001년 생물학상	6학년 2학기 공간과 입체
10. 자전거가 그리는 곡선	1992년 물리학상	6학년 2학기 원의 넓이

기둥, 뿔 (37쪽)

기둥은 두 밑면이 서로 평행하고 합동인 입체도형이야. 직육면체나 정육면체는 사각기둥이야. 오각기둥은 두 밑면이 오각형, 육각기둥은 두 밑면이 육각형인 기둥을 말해. 기둥의 옆면은 직사각형이야. 뿔은 밑면 중 하나가 점으로 바뀐 거야. 옆면인 직사각형이 점점 좁아져서 삼각형이 되어버린 거지. 모든 뿔의 옆면은 삼각형이야. 기둥이나 뿔이나 모두 밑면의 모양에 따라 이름을 정해.

타원 (40쪽)

타원은 원처럼 둥근 모양인데, 원처럼 완전히 동그랗지 않은 것도 있어. 둥그렇지만 길쭉해도 타원이야. 통통하게 둥그런 것도 타원이야. 타원을 제대로 그리고 싶다면 컴퍼스로는 안 돼. 실과 압정 두 개를 준비해. 압정에 실을 묶어 판에 꽂아. 실에 연필을 걸어 팽팽하게 한 바퀴 돌려. 둥근 모양의 도형이 그려져. 그게 바로 타원이야.

프랙털 (76쪽)

어떤 도형은 일부를 확대해 보아도 전체 모습이 똑같이 반복되는 걸 볼 수 있어. 이런 구조를 프랙털이라고 해. 프랙털 구조를 만드는 방법은 여러 가지야. 무궁무진하게 많이 만들 수 있어. 가장 유명한 건 망델브로 집합이라고 부르는 벌레 모양이야. 수학자 망델브로가 만들었어. 멀리서 보면 벌레 한 마리지만 가까이 들여다보면 똑같은 벌레 모양이 한없이 되풀이 돼. 프랙털 구조는 나뭇가지 모양, 해안선 모양뿐만 아니라 우리 몸속에도 있어. 생명을 유지하는 원리이기도 해.